Little People, BIG DREAMS™
CORAZÓN AQUINO
en español

Escrito por
Maria Isabel Sánchez Vegara

Ilustrado por
Ginnie Hsu

Traducido por
Ana Galán

Frances Lincoln
Children's Books

Esta es la historia de una niña que nació en un país con miles de islas. El país se llamaba Filipinas y la niña, María Corazón, pero todos la llamaban Cory.

En la escuela, Cory no solo aprendió a escribir y contar, sino también a dar un paso adelante si era necesario. Cuando un compañero enfermó antes de dar un discurso en la escuela, Cory asumió la responsabilidad de hablar en su nombre.

Cory todavía era pequeña cuando sus padres
la enviaron a estudiar a Estados Unidos. Allí se graduó
en matemáticas y francés. Pero tenía un gran sentido de
la justicia así que regresó a su país para estudiar derecho.

Estaba estudiando en la universidad cuando conoció
a un estudiante tan honesto y valiente como ella.
Se llamaba Benigno, que significa "buen hombre".
Sus seres más queridos le llamaban Ninoy.

Cory y Ninoy se hicieron inseparables. Cuando
Ninoy decidió dedicarse a la política para intentar
mejorar las vidas de los filipinos, Cory vendió
sus joyas más valiosas decidida a apoyarlo.

En poco tiempo, su esposo se convirtió en el crítico más duro
contra un presidente deshonesto que estaba arruinando
el país con sus leyes injustas. Cuando Ninoy fue arrestado,
Cory escribió su primer discurso y pasó a ser su voz.

Un día, el presidente decidió que tomaría todas las decisiones sin escuchar al pueblo. Se había convertido en un dictador. Tras pasar Ninoy ocho años en la cárcel, Los Aquinos se vieron obligados a abandonar su país.

Se mudaron a Boston donde vivieron los tres años más felices de sus vidas. Pero Cory sabía que Ninoy tenía que regresar a su país para intentar restaurar la democracia y devolver el poder al pueblo.

Por desgracia, al regresar, Ninoy fue asesinado.
Pero Cory no le lloró sola. Millones de personas
dejaron a un lado sus miedos y asistieron al funeral
de su marido como muestra de amor y de apoyo.

Cory continuó con el trabajo de su esposo y se presentó a la presidencia de su país. Cuando el codicioso presidente falsificó los resultados de las elecciones, Cory supo que una revolución estaba a punto de comenzar.

Durante cuatro largos días, millones de personas se armaron de valor y salieron a las calles para proclamar a Cory como presidenta de Filipinas. ¡Fue una victoria para la democracia y el fin de la dictadura!

El mundo entero celebró el día que Cory se convirtió en la primera mujer presidenta de Filipinas.

¡Ahí estaba! la mujer valiente que había conseguido
restaurar la democracia en el país de las mil islas.

Y gracias a su valentía, lealtad y honestidad,
la pequeña Cory se hizo un lugar en los libros
de historia y, lo que es más importante:
en los corazones de su pueblo.

CORAZÓN AQUINO

(Nació 1933 • Murió 2009)

c.1940

1979

María Corazón Sumulong Cojuangco nació cerca de Manila, en Filipinas y era la sexta de ocho hermanos. Sus padres tenían una plantación de azúcar y su familia era una de las más ricas de la región, pero Corazón nunca fue una niña malcriada. Era tímida y estudiosa y a los trece años, la enviaron a estudiar a Estados Unidos donde completó sus estudios en la escuela secundaria y consiguió títulos universitarios. Cuando regresó a Filipinas, se matriculó en la universidad de derecho, donde conoció a Benigno Aquino, un joven periodista. Se enamoraron y tuvieron un hijo y cuatro hijas. Con Corazón a su lado, Benigno decidió dedicarse a la política y pronto se convirtió en uno de los líderes jóvenes más brillantes del país, desafiando al presidente del gobierno, Ferdinand Marcos. Marcos era conocido por su

1987   1996

corrupción y, poco después, su gobierno proclamó una ley que despojaba
a los ciudadanos de sus derechos democráticos. También arrestó a muchos
opositores, como Benigno, que pasó siete años y siete meses en la cárcel.
Durante ese tiempo, Corazón enviaba las notas de su esposo a la prensa.
Cuando la familia Aquino pudo salir del país, se mudó a Estados Unidos
donde vivió tres años. A su regreso a Filipinas en 1993, Benigno fue asesinado.
Mientras Corazón lidiaba con la muerte de su esposo, se convirtió en un
símbolo de paz y esperanza para su pueblo. Corazón desafió a Marcos en las
siguientes elecciones y se ganó a miembros cercanos de su partido. Corazón
asumió el cargo en 1986 como la primera mujer presidenta de Filipinas y la
persona que mantuvo vivo el sueño de un país libre.

¿Quieres aprender **más?**

Aquí tienes este gran libro:

Sofía Valdez, presidenta tal vez por Andrea Betty

Rebosante de inspiración creativa, proyectos prácticos e información útil para enriquecer su vida cotidiana, quarto.com es el destino favorito de quienes que persiguen sus intereses y pasiones.

Copyright del texto © 2020 María Isabel Sánchez Vegara. Copyright de las ilustraciones © 2020 Ginnie Hsu.
Idea original de la colección de Maria Isabel Sánchez Vegara, publicado por Alba Editorial, s.l.u
"Little People, Big Dreams" y "Pequeña & Grande" son marcas registradas de Alba Editorial, S.L.U.
y/o Beautifool Couple S.L.
Publicado por primera vez en Inglés en EE. UU. en 2020 por Frances Lincoln Children's Books,
Publicado por primera vez en Español en EE. UU. en 2023 por Frances Lincoln Children's Books,
un sello editorial de The Quarto Group. 100 Cummings Center, Suite 265D, Beverly, MA 01915, EE. UU.
T +1 978-282-9590 **www.Quarto.com**

Publicado por primera vez en España en 2020 bajo el título Pequeña & Grande Corazón Aquino
por Alba Editorial, s.l.u. Baixada de Sant Miquel, 1, 08002 Barcelona, España
www.albaeditorial.es
Todos los derechos reservados

ISBN 978-0-7112-8475-3

Tipografía Futura BT.

Publicado por Katie Cotton • Diseñado por Karissa Santos
Editado por Rachel Williams y Katy Flint • Producción de Caragh McAleenan

Impreso en Guangdong, China CC122022
9 8 7 6 5 4 3 2 1

Créditos fotográficos (páginas 28-29, de izquierda a derecha) 1. La joven Corazón, compartida con el permiso de la familia Aquino 2. Corazón Aquino con Ninoy, compartida con el permiso de la familia Aquino 3. Discurso de Cory Aquino en Luneta en Manila, Filipinas, el 31 de enero de 1987 © 1987 Eric Bouvet/Gamma-Rapho vía Getty Images. 4. Corazón Aquino posando con su familia, compartida con el permiso de la familia Aquino

MIXTO
Papel | Apoyando la silvicultura responsable
FSC® C008047

También disponible en tapa blanda en español:

FRIDA KAHLO

COCO CHANEL

MAYA ANGELOU

AMELIA EARHART

AGATHA CHRISTIE

MARIE CURIE

ROSA PARKS

TERESA DE CALCUTA

JANE GOODALL

ZAHA HADID

MARTIN L. KING JR.

GRETA THUNBERG

CORAZON AQUINO

PELÉ

HANS C. ANDERSEN

MARY ANNING

MICHELLE OBAMA

RUTH B. GINSBURG

KAMALA HARRIS
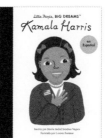

PABLO PICASSO

Gama completa de libros en inglés también disponible en tapa dura y tapa blanda.